भावः

मनोभावना

Richa Vishwakarma

BookLeaf Publishing

India | USA | UK

मैं अपने माता-पिता को पाकर बेहद भाग्यशाली महसूस करती हूँ, जिन्होंने हमेशा मुझ पर विश्वास किया और मुझे लिखने के लिए प्रेरित किया।

मैं यह पुस्तक विशेष रूप से अपनी माँ को समर्पित करती हूँ, जिन्होंने मुझे लेखन के कौशल की ओर प्रेरित किया।

मैं यह पुस्तक उस सर्वशक्तिमान को समर्पित करती हूँ, जो मुझे शक्ति देता है।

और सबसे बढ़कर, मैं यह पुस्तक अपने पाठकों को समर्पित करती हूँ, जो कविताओं के माध्यम से भावनाओं को व्यक्त करने का आनंद लेंगे।

यह काव्यसंग्रह उन सभी क्षणों को समर्पित है, जो चुपके से हमारे जीवन में छिपे रहते हैं—सपनों की तरह, यादों की तरह, जो शब्दों से बाहर नहीं आ पाते, लेकिन दिल में हमेशा जीवित रहते हैं।

Acknowledgement

यह पुस्तक अनगिनत पलों की सोच, सृजनात्मकता और सहयोग का परिणाम है। यह संभव नहीं हो पाती यदि मुझे अनगिनत लोगों का समर्थन, प्रोत्साहन और प्रेम न मिलता।

मेरे परिवार को—आपकी अडिग आस्था ने मुझे हमेशा प्रेरित किया, जब मैंने खुद पर संदेह किया। आप मेरे जीवन की सबसे बड़ी ताकत हैं, और आपकी उपस्थिति मेरे भीतर अनगिनत विचारों और भावनाओं को जन्म दिया है।

मेरे मित्रों को—आपकी हंसी, आपकी बातों और उन अनगिनत चर्चाओं का आभार जिनसे विचारों को पंख मिले। आपके निरंतर प्रोत्साहन ने मुझे इस सफर में हिम्मत दी।

अंत में, हर एक पाठक को—इस पुस्तक को पढ़ने के लिए आपका धन्यवाद। मेरी यह हार्दिक इच्छा है कि मेरी शब्दों में आपको अर्थ और सुंदरता मिले, जैसे मुझे इन्हें लिखने में मिली है।

यह पुस्तक उतनी ही आपकी है जितनी मेरी।

सभी हृदय से,
ऋचा

Preface

ॐ नमः शिवाय

इस किताब में लिखी कविताओं के माध्यम से, मैंने अपने पाठकों के भीतर छिपे भावनाओं को जागृत करने की कोशिश की है। अपने व्यक्तिगत अनुभवों और भावनाओं के ज़रिये मैं उन शाश्वत कथाओं और देवी-देवताओं के चरित्रों को जीवित करने का प्रयास कर रही हूँ, जो महाभारत और रामायण में अंकित हैं। प्रत्येक कविता एक ऐसी यात्रा है, जो पाठक को उनके भीतर की गहरी भावनाओं और आत्मा के संपर्क में लाने की कोशिश करती है। यह कविताएं केवल प्राचीन कथाओं का पुनः वर्णन नहीं हैं, बल्कि एक माध्यम हैं, जिनके द्वारा पाठक अपनी आत्मा में दिव्यता का अनुभव कर सके। प्रत्येक पंक्ति के माध्यम से, मैं यह आशा करती हूँ कि पाठक इन महाकाव्य कथाओं में समाहित जीवन के गहरे अर्थ और दिव्य उपदेशों से अपने जीवन को जोड़ सके और आत्मिक शांति एवं संतुलन प्राप्त कर सके।

|| भव-मेरे शिव ||

ॐ का वो भाव हूँ,
नमो नमो का नाद हूँ,

सूर्य का वो ताप,
शीत चंद्र का प्रताप हूँ,

लाल रक्त सा हूँ क्रूर,
लाल पुष्प सा मैं सौम्य हूँ,

भावना के हूँ मैं वश में,
साधकों की प्रीत हूँ,

विषधरों का संग, अंग भस्म
नीलकंठ रूप हूँ,

त्रिनेत्र मैं त्रिशूल धारी,

अर्धनारी का स्वरूप हूँ॥

।। मैं सम्पूर्ण हूँ ।।

लो चलो आज फिर मैं बतलाऊँ,
कि मैं भी परिपूर्ण हूँ,

माँ के आँचल से, पिता के आँगन से,
मैं आज भी संपूर्ण हूँ,

शिखरों की चोटी और नीला अंबर,
छूने को मैं सक्षम हूँ,

सात रंग के पंख हैं मेरे,
सातों सतियों का चूर्ण हूँ,

अधरों से तो मौन हूँ, पर,
आशाओं से पूर्ण हूँ,

और नित्य करो तुम आदर मेरा,
मैं शक्ति-सृष्टि संपूर्ण हूँ॥

|| रामायण ||

कौशल्या के राम कहो,
या कहो जानकी के प्राण मुझे,
उस ममता का स्वरूप हूँ मैं,
उस अनंत प्रेम का मान हूँ मैं।

लक्ष्मण के संग अजय हूं मैं,
हूँ अनुज भरतमें करुणा मैं,
सूर्यवंश की शान हूँ, पिता के
वचन का मान हूँ मैं।

माता कैकई के प्रेम में,
सिंहासन को ठुकराता हूँ,
और प्रिया सिया का संग लिए,
लक्ष्मण संग वन को जाता हूँ।

मित्रों से झोली भरता हूँ,
केवट को गले लगाता हूँ,

शबरी के मीठे बेरों में,
ममता-मय मैं हो जाता हूँ।

जनक नंदिनी संग मुझे,
वन भी उपवन सा लगता है,
एक स्वर्ण मृग का छल करके,
रावण सीता को हरता है।

सिता वियोग के काराण अब,
हर स्वांस पे प्राण निकलते हैं,
सौता- सीता बस कहता हूँ,
वन-वन अब नित्य भटकता हूँ ।

पक्षी राज जटायू भी,
सीता हरण ना टाल सके,
अपने प्राणों को देकर भी,
रावण को वो ना रोक सके।

छल कर बाली को मोक्ष दिया,
राज तिलक सुग्रीव का करता हूँ,
नल- नील, जामवंत संग लिए,
हनुमत को हृदय बसाता हूँ।

प्रिय जनक नन्दिनि को लाने,
सागर पर सेतु बनाता हूँ,

हर-हर महादेव के नाद से,
वानरों संग लंका जाता हूँ।

अभिमानि लन्केश्वर के,
अहंकार को धूल चटाता हूँ,
अक्षय कुमार, मेघनाद सहित,
उसके कुल क नाम मिटाता हूँ।

उस स्वर्ण नगरी को त्याग के,
अपनी नगरी को आता हूँ,
लक्ष्मण, जानकी, हनुमान सहित,
अयोध्या वापस आता हूँ।

प्रिय भरत को हृदय लगाता हूँ,
माँ कैकई के चरणों को छूता हूँ,
माँ कौशल्या से लाण लागाकर मैं,
अपने बचपन को जीता हूँ॥

|| हिन्द का वासी ||

हिन्द का मैं वासी,
मुझमें मथुरा मुझमें काशी,

भिन्नताएँ सहस्त्र है,
वही तो मेरा आस्त्र है,

जो मान लू, जो ठान लू,
क्षण मे धरा छलांग लू,

मैं धर्मनिष्ठ राम हूँ,
मैं कर्मनिष्ठ कृष्ण हूँ,

मै दान वीर कर्ण हूँ,
करुणामयी वो इश्ठ हूँ,

मै नृत्य भोले नाथ का,
ओम् सा पुरुशार्थ हूँ,

ऊँकार हूँ, हूँकार हूँ,
पवनतनय का वार हूँ,

अखंड हूँ, प्रचंड हूँ,
मैं ज्ञानीयों मे ज्ञान हूँ,

आदित्य सी है लालिम,
रजनिपति सा शांत हूँ,

मैं क्रोध परशुराम का,
वो शमा शील शैव हूँ,

अभंग हूँ, अनन्त हूँ,
मैं, असीम शक्तिमान हूँ।

|| मैं कौरव हूँ या पांडव ||

मैं धर्म का अनुयायी हूँ,
तो धर्मराज युधिष्ठिर हूँ,
पर ज्ञान कृष्ण का अगर नहीं,
तो पांडव नहीं मैं कौरव हूँ,

अर्जुन सा मैं प्रेमी हूँ,
धनुर्धर भी मैं श्रेष्ठ हुआ,
पर ज्ञान कृष्ण अगर नही,
तो पांडव नही मैं कौरव हूँ,

भीम सा मैं हूँ बलशाली,
मान सति का रखता हूँ,
पर ज्ञान कृष्ण अगर नही,

तो पांडव नही मैं कौरव हूँ,

बुद्धि श्रेष्ठ मैं ज्ञानी हूँ,
तो मति श्रेष्ठ नकुल सा मैं,
पर ज्ञान कृष्ण अगर नही,
तो पांडव नही मैं कौरव हूँ,

रूपवान अति सुंदर मैं,
तो सहदेव सा अभिमानी मैं,
पर ज्ञान कृष्ण अगर नही,
तो पांडव नही मैं कौरव हूँ,

आपने जीवन के महाकाव्य,
महाभारत का मैं नायक हूँ,
पर ज्ञान कृष्ण अगर नही,
तो पांडव नही मैं कौरव हूँ॥

|| पांचाली ||

पांचाल नरेश द्रुपद कि पुत्री,
यज्ञसेनी पांचाली वो,

रूप सांवला श्याम वर्ण सा,
सखी प्रिया केशव की वो,

अग्नि से जन्मी, अग्नि सी ज्वाला,
अग्नि सुता अति पावन वो,

स्वयंवर जीता अर्जुन ने,
बनी पांडवों कि रानी वो,

दुष्ट दुर्योधन की इर्षा में,
चौपड़ के दाव चढ़ी एक रानी वो,

दुराचारी दुःशासन उसको जब ,
केश खींच कर लाता है,

स्मरण कृष्ण का करती है,
रजस्वला पांचाली वो,

नेत्रहीन धृतराष्ट्र की राजसभा में,
लाजहीन संसार हुआ,

पुत्रवधू का चीर हरण,
जब सरेआम बाज़ार हुआ,

लाज सुता का हरने को जब,
कौरव का पुरुषार्थ चला,

कृष्ण, कृष्ण बस जपती है तब ,
पांडवों की रानी वो,

केश खोल कर प्रण लेती है,
कौरवों का अहंकार मिटाऊँगी,

दुःशासन के रक्त से मैं,
तृष्णा केशों की बुझाऊँगी,

पांडवों की पंचमणी ने तब,

चंडी सा हुंकार भरा,

महाभारती के प्रकोप से तब ,
महाभारत संग्राम हुआ॥

|| शिव करते है श्रृंगार ||

भस्म रमते अंग पे,
विषधर को रखते संग पे,
ऐसे मेरे शिव त्रिपुरारी,
करते हैं श्रृंगार,

सजे चन्द्रमा ललाट पे,
त्रिशूल धरते हाथ पे,
ऐसे मेरे शिव त्रिपुरारी,
करते है श्रृंगार,

भूत-प्रेतो का संग,
करते नंदी की सवारी,
ऐसे मेरे शिव त्रिपुरारी,
करते है श्रृंगार॥

|| शिव ||

शिव सूक्ष्म हैं,
शिव विशाल हैं,
स्वयंभू भी शिव,
शिव महाकाल भी,
त्रिलोक के वो स्वामी,
शिव है अन्तरयामी,
जटा-जूट धारी शंकर,
शिव वीर अभयंकर,
ललाट पे है चंद्रमा,
है कंठ पर विषधारी,
वो भस्मधारी शंकर,
करते नंदी की सवारी॥

|| मन का मन्थन ||

खुद के भीतर जरा देखो तुम,
सारा संसार समाया है,

मन का मन्थन कर ले खुद,
विनीत तुझमे ही समया है,

तेरे मन के भवसागर में ,
अजेय ज्ञान समया है,

जो ढूंढ रहा था तू बाहर,
वो सब कुछ तुझमें ही समाया है॥

|| दशावतार ||

वेदों का हरण करने वाले,
हयग्रीव का मर्दन करते हैं,
मत्स्य रूप में श्री हरि,
वेदों की रक्षा करते है,

दुर्वासा के श्राप ने जब
इन्द्र को श्री हीन किया,
विनय इन्द्र की मान के तब,
हरि ने कच्छप का रूप धरा,
आधार बने मंदराचल के,
अमृत मन्थन का योग किया,

हिरण्याक्ष जब हर पृथ्वी को,
सागर में छुपता है,
वराह रूप में श्रीहरि नारायण,
अवतार लेके आता है,
जल खुरों से स्तंभित कर,
पुनः पृथ्वी स्थापित करता है,

दैत्य राज हिरण्यकशिपु जब,
स्वयं को भगवन कहता है,
प्रह्लाद की भक्ति पर शंका कर,
अपमान हरि का करता है,
नरसिंह बनकर श्रीहरि विष्णु,
अभिमान दुष्ट का हारते है,

वामन रूप हरि अति विशाल,
बलि का दंभ कुचलते हैं,
एक पग धरती ,दूजे पग स्वर्ग,
तीजा पग बलि के सर पर रखते हैं,
सुतलोक सौंपते तब बलि को,
देवों को स्वर्ग में स्थपित करते हैं,

ऋषि जमदग्नि का पुत्र महान,
शिव शारंग को वो धरता है,
अपने परशु के वार से वो,
पृथ्वी ,हैहयवंश विहीन करता है,
सप्त चिरंजीवी है जो महान,
वो परशुराम मतवाला बनता है,

राक्षस राज दशानन जब,
धरती कलंकित करता है,
दशरत के पुत्र रूप में हरि,

रघुनन्दन राम बनता है,
लंकेश्वर का दहन करके,
पुरुषोत्तम धर्म को स्थापित करता है,

बाल कृष्णा के रूप में,
लीला कई दिखते है,
पूतना,कालिया,अरिष्टासुर सहित,
दानव कई मिटाते है ,
संग राधा रास रचाते है,
गोवर्धन धारण करते है,
केशव के रूप में राजा कृष्णा,
महाभारत युद्ध कराते है,
तब कर्म-धर्म का ज्ञान देने को,
गीता अर्जुन को सुनाते है,

शाक्यमुनि , शुद्धोधन के पुत्र,
सिद्धार्थ से गौतम बनते है,
मोह त्याग के राजकुँवर,
एक महान तपस्वी बनते है,
शील , समाधी और प्रज्ञा का,
ज्ञान विश्व को देते है,
कलयुग में पाप को हरने को,
हरि बुद्ध रूप में आते है,

धर्म स्थापना के हेतु,

हरि ने हर युग में अवतार लिया,
मूर्ख मनुष्य न तब जागा,
अपने विनाश का योग धरा,
पराकाष्ठा पर आकर जब,
कलयुग सीमा त्यागेगा,
तब मानव उद्धार करने को,
हरि कल्कि रूप में आएगा ॥

|| कन्हैया को खेल ||

जब जमना हुई गई कारी-कारी,
सब मानस भय से काँप गए,
श्याम ने तब मुस्कान भरो,
सखो संग तट पे खेल करो,

जानबूझ नटखट कान्हा ने,
जमना में गेंद को छटकारो,
सब सखा रूसाने लगे मोहन पे,
बोले तू शैतान बरो,

गेंद लाये को तब मोहन,
जमनाजू में कूद परो,
कारी-कारी जमनाजू को,
जल भी कारो कारो थो,
श्यामवर्ण को छोटो कान्हा,
कई जमनाजू में मिल गयो,

करजोर कालिया करत रहो,
विष की फुंकार है भरत रहो,
तब भूल गया था लागे वो,
कान्हा का हरि ने रूप धरो,

पूँछ पकड़कर पंचमुखी को,
ऐसो हरी ने फिर पटकारो,
मस्तक पे चढ़ कर कान्हा ने
मनमोहक नृत्य दिखा डारो ॥

|| सीता और मंदोदरी ||

चाहे राम की हो सीता वो,
या मंदोदरी लंकेश्वर की,
दोनों में धैर्य समां,
है दोनों में विश्वास रमा,

अपने श्रीपति संग जनकनंदनी,
वन को धारण करती है,
तब मंदोदरी लंकेश के चरणों में,
पतिव्रत को पूर्ण करती है,

एक ओर सुता जानकी,
अपमान हरण का सहती है,
वही लंका की रानी अपने स्वामी की,
करनी पर शोक से मरती है,

दोनों महान प्रतिभाशाली,
दोनों सतियों की आभा है,

अग्नि-परीक्षा मे जलती,

दोनों धर्म की संज्ञा है ॥

॥ सीता ॥

मिथिला की थी राजकुमारी,
जनक नंदिनी सुकुमारी,

वैशाख मास,शुक्ल पक्ष की थी नवमी,
भूमि से भूसुता थी जन्मी,

बाल्य रूप था अति मनमोहक,
वैदेही ऐसी प्रतिभाशाली,

शस्त्रों और अस्त्रों की ज्ञाता,
थी वो जानकी जनक कुमारी,

शिव पिनाक को तृण के जैसे,

सहज उठाती वो सिया प्यारी,

पूजा वो गौरी की करती,
लक्षाकी लक्ष्मी अवतारी,

पाककला में थी निपुण,अन्नपूर्णा जनक दुलारी,

ऐसा कौशल, ऐसा वैभव, वो भाग्यवती जानकी,
सियाप्यारी II

|| अहिल्या ||

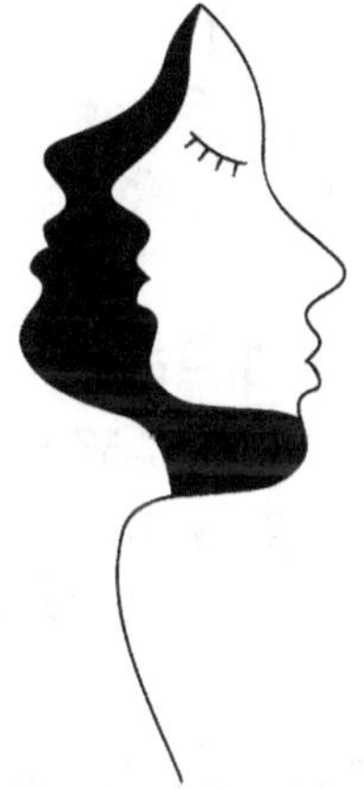

ऋषि गौतम की परिणीता,
थी अनुपम-स्वर्गिक मालमता,
निष्ठावान थी सतवन्ती वो,
उसके स्वभाव में गुणवत्ता,

उसके मोहक यौवन पर
मति इन्द्र की भ्रष्ट हुई,
रूप धरा तब गौतम का
उसके पतिव्रत की क्षति हुई,

कोह भरे ऋषि गौतम ने
दोनों को अभिशाप दिया,
शिला किया अहिल्या को
कुम्भिक इंद्रा को श्राप दिया,

अबोध अहिल्या शिला रूप में,
वर्षों तपस्या करती है,
श्राप से मुक्ति पाने को
प्रतीक्षा राम की करती है,

दुर्भागी अहिल्या का तब
ऐसा भाग्य का उदय हुआ,
श्रीपति के अवतार राम के
चरणों का जब स्पर्श हुआ,

श्रीचरणों की रज पाते ही
पत्थर ने नारी का रूप लिया,
अभिशाप को दूर करके राम ने
अहिल्या का उद्धार किया।।

|| किसके श्याम ||

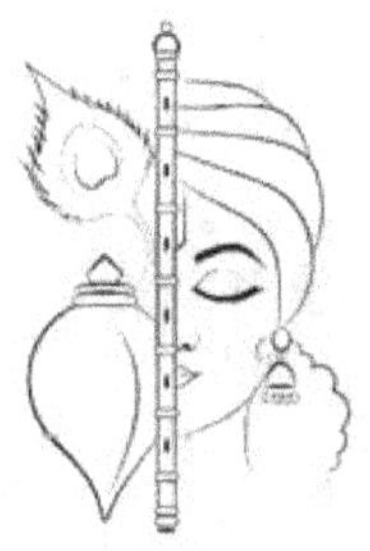

राधा का था कान्हा श्याम
रुक्मण का था राजा श्याम

राधा के संग रास रचाता
रुक्मण के संग राज चलाता

बंसी धुन पर राधा रमती
रुक्मण हरी की छाया बनती

राधा कृष्णा सारा जग गाता
हरी रुक्मण में स्वयं समाता।।

II भोले नाथ ने सजाई चौपड़ II

भोले नाथ ने सजाई चौपड़
गौराजी आई खेलने।
शिव जी बोले प्यारी गौरा
चौपड़ का चल खेल करें,
गौरा हँस कर बोली नाथ मेरे
तुम हार जाओगे भोला रे,

भोले नाथ ने सजाई चौपड़
गौराजी आई खेलने।
शिव जी बोले पांसा फेंको
गौरा दाँव तुम्हारा है,
त्रिशूल दाँव पर धर दो भोले
इस पर नाम हमारा है,

भोले नाथ ने सजाई चौपड़
गौराजी आई खेलने।
शिव जी बोले पांसा फेंको
गौरा दाँव तुम्हारा है,
चंद्र दाँव पर धर दो भोले
इस पर नाम हमारा है,

भोले नाथ ने सजाई चौपड़
गौराजी आई खेलने।
शिव जी बोले पांसा फेंको
गौरा दाँव तुम्हारा है,
अपनों नंदी दाव पर धर दो भोले
इस पर नाम हमारा है,

भोले नाथ ने सजाई चौपड़
गौराजी आई खेलने।
शिव जी बोले पांसा फेंको
गौरा दाँव तुम्हारा है,
डमरू दाँव पर रख दो नाथ
अब इसपर नाम हमारा है,

भोले नाथ ने सजाई चौपड़
गौराजी आई खेलने।
त्रिशूल , चंद्र ,डमरू और नंदी,
सब हार गए हो नाथ मेरे,

अब वासुकी दाँव पर धार दो भोले
अब इस पर नाम हमारा है,

भोले नाथ ने सजाई चौपड़
गौराजी आई खेलने।
गौरा की जीत का शोर भयो
कैलाशपति सब हार गयो,
सब वस्त्र आभूषण हार दियो
गण-नंदी को भी भेंट भयो,
अब अपनों दाँव लगादो भोले
तुमपर नाम हमारा है,
भोले नाथ ने सजाई चौपड़
गौराजी आई खेलने।

॥ अर्धनारेश्वर ॥

कैलाश पति की महिमा देखो
शिव शम्भू की गरिमा देखो

शिव ही है आत्मा का आधार
शक्ति है प्राणों का संचार

शिव भूतप्रेत-गणो के राजा
शक्ति इनकी भाग्य विधाता

शिव पूजन करते शक्ति का
शक्ति प्रमाण शिव भक्ति का

शिव शक्ति बिना अधूरे हैं
अर्धनारेश्वर रूप मे।
संग शक्ति के शिव पूरे हैं॥

II शिव शक्ति की भक्ति

II

शिव कारण हैं, शक्ति कारक,
शिव संकल्प करें, शक्ति सिद्धि पूरक।

शक्ति जागृत, शिव ध्यान मग्न,
शक्ति चेतना स्वरूप, शिव हृदय के धारक।

शिव ब्रह्मा, शक्ति सरस्वती,
शिव विष्णु, शक्ति लक्ष्मी, भव्य रति।

शिव महादेव, शक्ति पार्वती,
शिव रुद्र, शक्ति दक्षिणाकाली।

शिव सागर, लहरें शक्ति है,
भक्ति में दोनों की मुक्ति है।

II शिव शक्ति की भक्ति

II अभिनय II

इस धरा की गीली मिटटी मैं,
हर सांचे में ढल जाती हूँ,
जीवन के सांचे हैं अनेक
एक एक करके बतलाती हूँ,

एक साँचा बिटिया नाम का था,
बचपन की ऊँची शान का था,
कल - कल करती सरिता सी मैं,
मनमौजी बस इठलाती मैं,

न रूकती थी न थमती थी,
बस अपनी ही धुन मेंजाती थी,
पर फिर भी अपनी माँ की मैं,

मान भी थी, और जान थी मैं,

जब समय का पहिया चलता है,
साँचा दूजा आ जाता है, अब
आया साँचा यौवन का, अब
और मज़ा तो आता है,

आँखों में बस्ता सावन है ,
जग उजला -उजला लगता है,
मन के प्रसंग की बात कहुँ,
एक सफल जगत सा लगता है,

यौवन का साँचा कब टूटा,
बंधन में मै कब बंध गई,
नाजाने कब किस साँचे से,
मैं बिटिया से माँ भी बन गई,

वो बचपन था, या यौवन था,
सब किस्से भी अब भूल गई,
अब साँचा अगला कौन-सा है,
इस उलझन में मैं उलझ गई,

एक दिन बैठी सोच में मैं,
माँ से पूछा अब अगला क्या?
भीगी आँखों से माँ बोली,

"मेरा तो अंतिम सत्य यही,"
अब और न कोई साँचा है,
अब अभिनय कोई और नहीं॥

|| दिव्य मिलन ||

मिथिला के सुन्दर उपवन में
अति सुन्दर मिलन की बेला हैं,
सिया राम के नयन मिले
सौभाग्य यह अलबेला हैं,

ऋषि कुमार का वेश धरे
लगते मोहक रघुनन्दन राम ,
वैदेही की हृदय गति
भी अब लेती नहीं विराम ,

माता गौरी के चरणों में
सिया विनय प्रार्थना करती हैं ,
रघुनाथ को पाउ मैं वर स्वरुप
संकल्प जानकी करती हैं ,

तेज देख के सिया प्यारी का
चित्त राम का हरण हुआ,

इस अलौकिक मिलाप का
दर्शन सारी श्रिष्टि ने किया,

जनकपुर में हुआ स्वयम्बर
शिव धनुष राम ने तोड़ दिया,
रघुवंश के कुल दीपक संग
सियाप्यारी का भाग्य सजा,

राम सिया का परिणय जैसे
श्री हरि-लक्ष्मी का मिलान हुआ,
श्रीराम सिया की दिव्य कथा से
धरती का उद्धार हुआ।।

।। मेरो नटखट कान्हा ।।

श्याम लाला मोहन मेरो काला,
छोटो सो नटखट नन्दो को लाला,

माँ यशोदा की आँख को तारा,
सरे गोकुल को नाच नचाता,

कभी माखन चोर कहाता,
कभी गइयन गोकुल में चराता,

मामा कंस को खेल दिखता,
राक्षस सरे मार भागता,

इन्द्र देव को दंभ मिटाता,
गोवर्धन छींगली में उठाता ,

नृत्य कालिया के फन पर करता,

जमनाजू के प्रकोप को हरता,

मुरली की धुन पर रास रचाता,
बंसी धुनपर तीनो लोक चलता।।

www.ingramcontent.com/pod-product-compliance
Lightning Source LLC
La Vergne TN
LVHW021305200726
843509LV00012B/1793